Hochsensible Kinder

Wenn die Sinne (über)fordern

Stärken und Schwächen hochsensibler Kinder

Auflage 2019 Juli
ISBN-13: 9781082896262

Webseite tbreise.buch-autoren.de
Email: tbreise@tbreise.buch-autoren.de
Impressum:

T.Breise

c/o Autoren.Services

Zerrespfad 9

53332 Bornheim
Gestaltung: Jason Masters Photography
Bilder: shutterstock.com Photography

Newsletter Eintrag für Neuerscheinungen,
bitte per Email Anfrage an:
newsletter@tbreise.buch-autoren.de

T.Breise

Hochsensible Kinder

Wenn die Sinne (über)fordern

Stärken und Schwächen hochsensibler Kinder

Inhaltsverzeichnis

Vorwort

Sie haben dieses Buch gekauft, weil Sie sich mit dem Thema „Hochsensible Kinder“ befassen möchten. Wahrscheinlich ist Ihr eigenes Kind hochsensibel oder Sie vermuten es zumindest. Je mehr Sie über die Hochsensibilität Ihres Kindes wissen, umso besser können Sie die Herausforderungen meistern, die noch auf Sie warten. Seien Sie stolz auf Ihr Kind. Ihr Kind ist nicht komisch, nicht gestört und auch nicht falsch. Es ist einfach ein bisschen mehr. Es hört besser, sieht besser, nimmt mehr wahr und muss mehr verarbeiten. Das ist nicht nachteilig. Es passt nur nicht in diese Welt. Lesen Sie in diesem Buch, wie es gelingen kann, den schwierigen Spagat zwischen Erziehung und Schutz zu meistern.

Hochsensibilität – worüber sprechen wir?

Hochsensibilität kommt in den Medien immer häufiger vor. Dabei werden die verschiedensten Eigenschaften und Ausprägungen bei Kindern und Erwachsenen selten einheitlich dargestellt. Es lohnt sich daher, einen Blick auf die Definition zu werfen.

Gemäß dem Online-Lexikon für Psychologie und Pädagogik von Stangl[1] handelt es sich um die Hochs, die

---

1: Stangl, W. (2019). Stichwort: '*Hochsensibilität*'. Online Lexikon für Psychologie und Pädagogik. WWW: https://lexikon.stangl.eu/2896/hochsensibilitaet/ (2019-03-28)

manchmal auch mit Hochsensitivität bezeichnet wird, um ein Merkmal der Persönlichkeit. Einige Experten sprechen von einer speziellen Begabung. Rein physisch unterscheiden sich hochsensible Menschen von anderen dadurch, dass bei den Betroffenen die Filter des Nervensystems auf eine besondere Art arbeiten. Sie nehmen Reize aus der Umgebung sehr viel intensiver wahr als ihre „normalen“ Mitmenschen. Etwa 20 Prozent der Bevölkerung dürfen als hochsensibel eingeschätzt werden. Für das reale Erleben von hochsensiblen Menschen bedeutet das, dass sie Töne, Farben und Berührungen viel stärker wahrnehmen. Musik kann ihnen schnell zu laut, Farben zu grell werden, wenn andere diese Reize noch kaum wahrgenommen haben. Aber auch für das Innenleben hat das Dasein als Hochsensibler Folgen. Erinnerungen, Gedanken und Gefühle haben mehr Präsens im Bewusstsein, Kränkungen und Verletzungen werden schwerer verarbeitet und Erinnerungen haften wie angewachsen. Die Folgen sind sowohl positiv als auch negativ.

Positive Folgen von Hochsensibilität

- Schnelleres Wahrnehmen von Situationen, Überblick
- Schnelleres Reagieren auf Umweltreize
- Fähigkeit zur Empathie

Negative Folgen von Hochsensibilität

- Festhalten an Erinnerungen
- Verlängerter Leidensdruck durch negative Erlebnisse
- Reizüberflutung
- Konzentrationsschwierigkeiten

Betroffene stehen ständig unter dem Einfluss von Reizen und können die Wahrnehmung nicht abschalten. Das kann zu einer Reizüberflutung und der damit verbundenen Erschöpfung führen. Das Stresslevel bei hochsensiblen Menschen kann daher sehr hoch sein. Aktuelle Studien lassen vermuten, dass es sich um eine genetische Besonderheit in der Reizverarbeitung handelt. Körper, Seele und Geist sind kontinuierlichem Input ausgesetzt. Erholung und Entspannung fallen daher schwer.

Drei Merkmale sind bezeichnend für Hochsensibilität. Sowohl betroffene Kinder als auch Erwachsene weisen diese drei Merkmale auf:

1. Das lange nachwirken von Gefühlen
2. Überreizbarkeit
3. Ständiger Wechsel zwischen Langeweile und Überforderung

Wir dürfen davon ausgehen, dass nicht alle Hochsensiblen von ihrer Veranlagung wissen. Wenn ein hochsensibler Mensch in einem Kontext lebt, in dem seine besonderen Eigenschaften geschätzt werden, wird er sich nicht über sich selbst wundern. Er hält sich für vollkommen normal und gewöhnlich. Es gibt einige Charakterzüge, die in der Literatur den Hochsensiblen zugesprochen werden.

Dazu gehören:

- Ordnungssinn
- Liebe zum Detail
- Gerechtigkeitssinn
- Pflichtbewusstsein
- Einfühlungsvermögen
- Hohe Verletzlichkeit
- Niedrige Stressschwelle

Hochsensible nehmen deutlich mehr Informationen auf als ihre Mitmenschen. Dabei gelten sie häufig als zurückhaltend. Sie lehnen Small Talk ab und sind sehr daran interessiert, dass es anderen Menschen gut geht. Unter Konflikten leiden sie überdurchschnittlich stark. Sie reagieren auf Missstimmungen oft mit Selbstzweifeln und haben im Erwachsenenalter eine überzogene Bereitschaft zur Selbstkritik.

Wenn hochsensible Personen ihre Umgebung selbst gestalten können, achten sie auf weiche Materialien und eine Atmosphäre der Geborgenheit.

Das Unverständnis, das die Umgebung gegenüber den Äußerungen über Sinneswahrnehmungen der Hochsensiblen äußert, wirkt verletzend auf sie. Oft halten sie sich deshalb in sozialen Kontexten zurück und gelten nicht selten als schwierig oder als Einzelgänger. Sie können ihre Überreizung und Überforderung aber auch in aggressivem Verhalten äußern, was sie mitunter als sozial gestört dastehen lässt.

Viele Experten sehen einen Zusammenhang zwischen Hochsensibilität und Asperger-Syndrom. Auch Asperger-Betroffene verfügen über ein überaus reiches Innenleben, das in ihrer Umgebung häufig nicht wahrgenommen wird oder auf Unverständnis stößt.

Als Pionierin in der Forschung zum Thema „Hochsensibilität" gilt Elaine N. Aron. Sie arbeitet besonders an der Fragestellung der Beziehungsgestaltung mit Hochsensiblen. Seit den neunziger Jahren ist Hochsensibilität dank Aron ein Bereich in der Psychologie. Ihr ist auch zu verdanken, dass Hochsensibilität aus dem Feld der Krankheiten in den Bereich der Begabungen wechseln konnte. Moderne Kinderärzte kennen sich mit dem Thema aus, Allgemeinmediziner und vor allem Heilpraktiker sprechen nicht mehr von „Überempfindlichkeit".

Experten geben die folgenden Eigenschaften an, deren Vorkommen vermuten lässt, dass es sich um ein hochsensibles Baby handelt.

- Das Baby beobachtet viel und interessiert, was in seiner Umgebung vor sich geht.
- Es nimmt sehr früh Kontakt zu seiner Umwelt auf.
- Das Baby wirkt unruhig und unausgeglichen.
- Das Baby schläft schlecht ein.
- Das Baby schläft schlecht durch.
- Es ist schreckhaft und reagiert auf kleinste Geräusche.
- Das Baby reagiert nervös und abwehrend auf grelle Farben oder Licht.
- Das Baby reagiert sehr empfindlich auf Lärm.
- Ihr Baby scheint Stimmungen schnell wahrzunehmen.
- Das Baby klammert viel und intensiv an der Mutter.
- Es mag keine fremden Menschen.
- Das Baby scheint häufig einfach abzuschalten.
- Das Baby mag keine fremden Menschen.
- Das Baby scheint sehr schmerzempfindlich.
- Das Baby hat starke Gefühle, es zeigt Gefühlsausbrüche plötzlich und unerwartet.

Als älteres Kind oder Erwachsener hat es wenige aber sehr gute Freunde.

Es kann durchaus sein, dass bei Ihrem Baby oder Kind nicht alle dieser Eigenschaften zutreffen. Sie werden als Mutter oder Vater ein sehr sicheres Gespür dafür haben, ob Sie sich bei Ihrem Kinderarzt danach erkundigen sollten, ob Ihr Kind hochsensibel ist.

Es gibt zwei verschiedene Typen von Hochsensibilität. Der Hypo-Typ ist in der Gesellschaft häufiger anzutreffen. Er ist zurückhaltend und zeigt eher selten seine Gefühle. Dieser Typus neigt zu einem sehr ausgeprägten Perfektionismus und zu Selbstzweifeln. Er frisst lange etwas in sich hinein, bevor er einen Gefühlsausbruch zeigt.

Der Hyper-Typ dagegen, der sehr viel seltener vorkommt, ist eher impulsiv mit schwankenden Gefühlen. Er neigt zu Übertreibungen und wirkt leicht überdreht. Dieser Typ kann leicht mit ADHS verwechselt werden. Eine Verwechslung ist verheerend, wenn der Hochsensible mit ADHS-Medikamenten behandelt wird.

Führen Sie am besten ein Tagebuch. Schreiben sie sich etwa vier Wochen lang alles auf, was Ihnen an Ihrem Baby auffällt. So haben Sie eine gute Grundlage für das Gespräch mit Ihrem Kinderarzt.

I. Hochsensible Kinder und ihre Stärken

Hochsensible Kinder haben eine sehr gut ausgebildete Wahrnehmung. Sie können viele Details gleichzeitig erfassen. Hochsensibilität kann, muss aber nicht mit hoher Intelligenz gemeinsam auftreten. Wenn Hochsensibilität mit Hochbegabung gepaart ist, kann das Kind auch später als Erwachsener komplexe Prozesse erfassen und hat ein hohes kognitives Leistungsniveau. Hochsensibilität darf aber nicht mit Hochbegabung verwechselt werden.

Hypo-Typen werden sich gewissenhaft damit befassen, die aufgenommenen Reize zu sortieren und zu verarbeiten. Sie neigen zu sehr fleißigem und gründlichem Arbeiten. Allerdings sind sie darauf angewiesen, dass keine Außenreize die Konzentration stören.

Aufgrund ihrer Sensibilität auch für andere Menschen haben sie oft starke Führungsqualitäten. Sie können aber auch sehr gut deeskalieren und vermitteln.

Wenn ein hochsensibles Kind die Chance erhält, seine Qualitäten darzustellen, ist es ein wunderbarer Partner für jede nur erdenkliche Aufgabe. Immer, wenn es seine Eindrücke und Gefühle einbringen kann, wird es gewissenhaft und großzügig agieren. Wird es jedoch hinsichtlich seiner Gefühlswelt begrenzt, kann es zu Wutausbrüchen oder zur Resignation neigen.

Grundsätzlich können die Eltern von hochsensiblen Kindern sich darüber freuen, ein so begabtes und besonderes Kind ins Leben begleiten zu dürfen. Das Wissen darum, ein sehr sensibles Kind zu erziehen, kann den Stress mindern, der sich in vielen Situationen zeigt.

II. Eltern sein für ein hochsensibles Kind

Eltern sind oft nicht auf ein hochsensibles Kind eingestellt. Wie könnten Sie auch? Hochsensible Kinder sind nicht schon vor der Geburt zu erkennen. Auch kann bisher keine direkte Vererbung nachgewiesen werden. Nach der Geburt wird kein Scan gemacht, um auf Hochsensibilität zu untersuchen. Die besonderen Begabungen des Kindes fallen den Eltern erst im Laufe der ersten Wochen und Monate mit ihrem Kind auf.

Hochsensibilität ist keine Krankheit. Es wäre verheerend, in einer Gesellschaft zu leben, in der Sensibilität als Störung gesehen wird. Dennoch müssen Eltern zuerst einen Schock verarbeiten, wenn sie Gewissheit haben, dass Hochsensibilität bei Ihrem Kind vorliegt.

Wir sollten nicht vergessen, dass der Begriff „Sensibelchen" lange Zeit eher negativ besetzt war. Sensible Kinder und sensible Erwachsene hatten es in unserer Gesellschaft schon immer schwerer als andere.

Die optischen und akustischen Reize in unserer Umgebung haben in den letzten Jahrzehnten immer mehr zugenommen. Überall piept es, blinkt und klingelt.

Erinnern Sie sich noch an die Zeiten, in denen Werbung aus Plakaten bestand, die aus Papier waren. Es gab noch keinerlei Leuchtreklame und schon gar keine flackernden Lichter. Auch der Geräuschpegel hat zugenommen. In einem modernen Haushalt gibt es nicht nur Alexa oder Siri. Auch Mikrowelle und Kühlschrank wollen neben dem Smartphone und dem Backofen ihren Senf zum

Geräuschechaos dazugeben. Oft sind sogenannte normale Menschen überreizt und würden am liebsten alle Stecker ziehen. Wie ergeht es dann erst einem Hochsensiblen, der alle Wahrnehmungen deutlich extremer aufnimmt als seine durchschnittlich sensiblen Mitmenschen?

Eltern eines hochsensiblen Kindes brauchen vor allem zwei Eigenschaften:

- Verständnis und Einfühlungsvermögen dem Kind gegenüber
- Verständnis für ihre eigene Lage

Sie geraten schnell in den Verdacht, ihr Kind überbehüten zu wollen und das Kind zu stark vor der Welt beschützen zu wollen. Oder man unterstellt ihnen, sie würden ihr Kind für ganz besonders halten.

Letztlich kann man Mitleid mit jedem Kind haben, dessen Eltern es nicht für besonders halten. Doch hinter dem Umgang mit einem hochsensiblen steckt mehr als elterliche Fürsorge und Stolz. Ein hochsensibles Kind ist darauf angewiesen, von seinen Eltern vor Reizüberflutung beschützt zu werden. Es kann sonst mit Schmerz und Erkrankungen darauf reagieren. Dabei haben die Eltern in der modernen Welt alle Hände voll zu tun, um immer wieder zwischen das Kind und die Überreizung zu treten.

Der Filter, der in den meisten Gehirnen dafür sorgt, dass eine Vorauswahl der wichtigen und unwichtigen Reize getroffen wird, steht im Gehirn des hochsensiblen Kindes nicht zur Verfügung. Die Aufgabe, dem Kind erst langsam beizubringen, wie es ohne diesen Filter in Ruhe leben kann, übernehmen die Eltern. Die schwächste Stelle eines hochsensiblen Kindes ist meist die Konzentration. Deshalb sollten Eltern schon bei kleinen Kindern beginnen, die Konzentration spielerisch zu schulen. Das darf allerdings nicht in Leistungsdruck ausarten. Hier gilt, dass steter Tropfen den Stein höhlt. Machen Sie Spiele, die die Konzentration fördern, zu einem Ritual.

Eltern, die ein hochsensibles Kind haben, brauchen viel Selbstbewusstsein und ein dickes Fell. Sie werden von innen und von außen ständig gefordert. Das Kind weint auf Ihrem Arm, weil Oma Ilse ihm zu nah gekommen ist. Oma Ilse meckert, dass das Enkelchen so scheu ist. Und Opa meckert, weil Oma meckert. So ist das Leben mit einem hochsensiblen Kind.

Versuchen Sie, es mit Humor und Selbstbewusstsein zu nehmen. Vielleicht müssen Sie auch Ihre Schlagfertigkeit trainieren. „Weißt du, Oma Ilse, kraul mal den Opa, der hat das gern." Mit Schlagfertigkeit und ein bisschen Frechheit können Sie sich und Ihr Kind schützen und verteidigen. Es wird selten so sein, dass alle um Sie herum bereit sind, Ihr Kind angemessen zu behandeln. Viel zu schön ist es, Kindern zu nahe zu treten und ihre Grenzen zu missachten.

Wenn Sie das Glück haben, Ihr Kind zu zweit erziehen zu können, achten Sie darauf, stets den gleichen Informationsstand zu haben. Sie sollten sich gegenseitig entlasten. Geben Sie sich abwechselnd ein paar Stunden frei. So kann sich einer von Ihnen erholen, während der andere das Kind hütet.

Lassen Sie Hausarbeit einfach Hausarbeit sein und denken Sie immer an sich und an Ihre Bedürfnisse, wenn das Kind schläft oder mit sich selbst beschäftigt ist. Mit viel gegenseitigem Verständnis füreinander fällt Ihnen die Aufgabe leichter. Ein hochsensibles Kind kann auch den Eltern dabei helfen, wieder mehr auf Gefühle und Sinnlichkeit zu achten. So wird Ihr kleiner Racker ein wichtiger Lehrmeister, der Ihnen zeigen kann, dass es im Leben mehr gibt als Hektik und Pflichten. Sehen Sie Ihr Kind als Chance für ein emotional erfülltes Leben. Dann fallen die kleinen und größeren Mühen nicht mehr so stark ins Gewicht.

Die folgenden Grundregeln können Sie beherzigen, um sich und Ihrem Kind schon im Vorfeld einen weitgehend stressfreien Lebensrahmen zu ermöglichen.

1. Reduzieren Sie Reize, wann und wo immer es geht

Unordnung, übermäßige Raumdekoration oder Hintergrundmusik sind für Ihr Kind eine Belastung. Das Kinderzimmer sollte immer gut aufgeräumt sein. Poppige Farben und Spieluhren, Mobiles und Wanddekorationen sind unter Umständen ein Stressfaktor für Ihr Kind. Nehmen Sie wahr, was die Zustimmung Ihres Kindes findet und was eher auf Ablehnung stößt. Ihr Kind muss sich an nichts gewöhnen. Viele Eltern machen den Fehler, auf Zeit zu setzen, damit das Kind irgendwann die grellbunte Lampe lustig findet oder mit Opas Weihnachtsgeschenk spielen will. Ein hochsensibles Kind reagiert maximal mit Frustration und ergibt sich seinem Schicksal. Es geht ihm aber nicht gut damit.

2. Respektieren Sie Ihr Kind

Zwingen Sie Ihr Kind nicht, Kontakt zu fremden Personen aufzunehmen. Dazu gehören auch Familienangehörige und Freunde. Ein hochsensibles Kind braucht mehr als Kinder generell eine emotionale und soziale Stabilität. Es kann sich schwer auf neue Kontakte einlassen. Das wird wahrscheinlich für den Rest seines Lebens so bleiben. Hochsensible Menschen lehnen oberflächliche Beziehungen und Small Talk-Kontakte ab. Sie stellen nur unnötige Reize dar. Schützen Sie Ihr Kind vor den Belästigungen von Menschen im Umfeld, die das Kind nicht respektieren, sondern sich an ihm befriedigen wollen.

3. Bieten Sie Ihrem Kind eine feste Struktur

Jeder Mensch braucht Struktur. Struktur ist die Basis für Sicherheit. Ihr hochsensibles Kind hat das Bedürfnis nach einer Struktur, die deutlich zu erkennen ist. Die regelmäßigen Abläufe müssen häufiger auftreten als die Ausnahmen. Schaffen Sie Rituale und halten Sie sich daran. Achten Sie hier auch auf Ihre Leistungsfähigkeit. Verlangen Sie nichts von sich selbst, was Sie nicht einhalten können. Viele kleine Rituale, die auch stattfinden, sind besser als wenige große Rituale, die ständig ausfallen oder verschoben werden. Wenn möglich, legen Sie alles, was Sie mit Ihrem Kind regelmäßig erleben, immer auf den gleichen Wochentag oder die gleiche Uhrzeit. So gewinnt das Kind Sicherheit und sein Leben wird leichter.

4. Bieten Sie Anwesenheit

Ihr hochsensibles Kind braucht sie unter Umständen mehr, als ein durchschnittlich sensibles Kind seine Mutter oder seinen Vater braucht. Strafen Sie ein hochsensibles Kind niemals mit Isolation oder Kontaktabbruch. Wenn Ihr Kind einen Wutausbruch hat oder sich von einer traurigen Stimmung nicht erholen kann, ist es sehr schwer, geduldig zu warten, bis das Kind sich erholt. Beruhigen Sie Ihr Kind nicht, sondern spiegeln Sie seine Gefühle. Zeigen Sie ihm, dass Sie seine Gefühle respektieren und bieten Sie, nach einer angemessenen Zeit eine Lösung an.

Hier legen Sie einen wichtigen Grundstein für sein späteres Leben. Wenn Sie Ihr Kind nur ablenken mit: „Komm, ich gebe dir erstmal einen Lolli zum Trost“, vermitteln Sie, dass Gefühle durch Ersatzbefriedigung vergehen. Das ist eine Botschaft, die im schlimmsten Fall in eine Sucht führen kann.

Für ein hochsensibles Kind sind Babytragesitze besser als Kinderwagen und ein Kinderbettchen im Schlafzimmer gefällt ihm eher als ein eigenes Kinderzimmer. Akzeptieren Sie das lieber schnell, damit ersparen Sie sich unnötigen Stress.

5. Bleiben Sie geduldig

Veränderungen sind für ein hochsensibles Kind schwer zu verarbeiten. Es nimmt die Veränderungen als eine Störung der gewohnten Sicherheit wahr. Deshalb ist wichtig, dass Sie in Zeiten der Umstellungen ganz nah bei Ihrem Kind sind. Wenn Sie einen Umzug planen, kann ein hochsensibles Kind nicht nachmittags bei einer Kinderbetreuung untergebracht sein, weil die Eltern vieles zu regeln haben. Delegieren Sie die anfallenden Aufgaben oder nehmen Sie Ihr Kind wenigstens mit. Es dauert, bis Ihr Kind sich eingewöhnt. Je deutlicher Sie sich diesen Aspekt vor Augen führen, umso leichter wird es Ihnen fallen, Verständnis für Ihr Kind zu entwickeln.

Das gilt auch für Krabbelgruppe, Kita und Co. Wenn alle Kinder eine Woche brauchen, um sich auf den Kindergarten zu freuen, braucht Ihr Kind wahrscheinlich drei bis vier Wochen. Eine Einrichtung, die sich darauf nicht einstellen kann oder will, ist definitiv nicht für Ihr Kind geeignet.

Sie erkennen einen Menschen, der gut für Ihr Kind ist, daran, dass er keine Forderungen stellt und geduldig wartet, ob das Kind sich ihm zuwendet.

6. Bleiben Sie erziehungsfähig

Auch hochsensiblen Kindern bleibt die Erziehung nicht erspart. Ihr Kind hat zwar viele besondere Begabungen und Bedürfnisse, es ist aber trotz alledem ein Kind. Es muss lernen, sich sozial zu verhalten, Grenzen zu respektieren und Verantwortung zu tragen. Hüten Sie sich davor, Ihr Kind übermäßig zu behüten. Halten Sie sich vor Augen, dass die zusätzliche Leistung, die Sie für Ihr Kind erbringen, das Filtern und bearbeiten von Reizen ist. Es geht nicht um mehr und auch nicht um weniger. Diese Filterfunktion, die Sie übernehmen, ist jedoch kein Ersatz für Erziehung.

Erziehung ist Vorbereitung auf ein glückliches Leben als Erwachsener. Nehmen Sie sich ein paar Minuten Zeit, um zu ermitteln, was Ihr Kind braucht, wenn es ohne Sie durch das Leben kommen muss.

Was wollen Sie mit ihm gemeinsam vorbereiten und wie wollen Sie ihm die notwendigen Kompetenzen vermitteln? Sprechen Sie auch mit Ihrem Partner über Ihren gemeinsamen Erziehungsstil. Achten Sie darauf, dass ein hochsensibles Kind sofort spüren würde, wenn Sie und Ihr Partner sich nicht einig wären. Hochsensible Kinder sind nicht dumm und auch keine Engel. Es würde sofort beginnen, Sie gegeneinander auszuspielen.

III.Hochsensibilität bei Babys

Babys sind schon per se empfindlicher als ältere Kinder oder Erwachsene. Ihre Frustrationstoleranzgrenze ist noch niedrig. Wenn ein typisches Kind unter einer Reizüberflutung leidet, kann es abschalten und meist schläft es einfach ein. Die meisten Eltern kennen das Phänomen. Sie fragen sich, wie ein Kind auf dem Rummelplatz friedlich im Kinderwagen schlummern kann oder den Staubsauger im Schlaf nicht wahrnimmt.

Ein hochsensibles Baby ist anders. Meist merken die Eltern das daran, dass das Kind eine deutliche Abwehr gegenüber Geräuschen, Licht, Stoffen oder anderen Personen zeigt. Das hochsensible Kind nimmt Reize wahr, die sich den Eltern oft gar nicht erschließen. Schon die Textur einer Babydecke kann das Kind reizen und als Belästigung wirken.

Eltern sollten sich an den Kinderarzt wenden und ihre Beobachtung äußern. Auf keinen Fall braucht ein hochsensibles Baby Medikamente. Es braucht vielmehr Wertschätzung und Respekt.

Wie Sie Ihrem Baby in den verschiedensten Situationen zur Seite stehen können, lesen Sie in diesem Kapitel.

Babys Zuhause

Wenn Babys einen Ordnungssinn haben, dann sind es die Hochsensiblen unter ihnen. Sie mögen es, wenn keine fremden Reize ihre gewohnte Umgebung stören. Daher ist wichtig, dass das Baby einen eigenen Raum oder einen eigenen Bereich in einem Zimmer zur Verfügung hat. Eine Babywiege, die von Raum zu Raum gefahren werden kann, könnte das hochsensible Menschlein irritieren.

Statten Sie das Bett mit einem Nestchen aus und verzichten Sie auf zu viele plüschige Mitbewohner. Ein hochsensibles Baby sollte kein Bett zum Mitwachsen haben. Da das Bedürfnis nach Geborgenheit enorm groß ist, könnte es sich in einem Bettchen, in das es erst hineinwachsen muss, verloren fühlen und Ängste entwickeln.

Viele Eltern lassen ihr Baby gern aus einem Fenster schauen. Sie ermöglichen damit, dass das Kind die Bewegung der Bäume oder andere Ereignisse außerhalb des Hauses beobachten kann. Ein hochsensibles Baby könnte überfordert reagieren, denn es sieht viel mehr als seine Altersgenossen. Achten Sie darauf, ob das Baby sich in seiner Situation wohl und zufrieden fühlt. Wirkt es entspannt oder eher angespannt? Experimentieren Sie ein wenig. Erkennen Sie, was Ihrem Kind gefällt und was eher nicht so gut ankommt.

Der Fernseher oder andere Monitore sind für hochsensible Babys absolut tabu. Schon bei Personen, die nicht betroffen sind, sind die rasend schnell wechselnden Bilder eine klare Reizüberflutung. Sie wird zwar nicht wahrgenommen, wirkt sich aber als Stressor aus.

Halten Sie Ordnung in Ihrer Wohnung, Ihrem Kind zuliebe. Grelle Farben und Unordnung können Ihr Kind überfordern.

Auch Hintergrundmusik oder laute Gespräche sind für Ihr Baby wahrscheinlich unangenehm. Wenn es viel weint, muss es nicht unbedingt ein Schreibaby sein. Es kann auch einfach nur Probleme damit haben, die Reize zu verarbeiten. Wenn Sie unsicher sind, ob Ihr Baby hochsensibel oder ein Schreibaby ist, sprechen Sie mit Ihrem Kinderarzt oder besuchen Sie eine Schreisprechstunde. Dort können Sie Aufschluss darüber bekommen, warum es ihrem Kind nicht wirklich gut geht.

Babyspielzeug ist immer wieder ein beliebtes Thema, wenn Eltern sich austauschen. Hochsensible Kinder können da schon eine echte Enttäuschung sein. Sie weinen, wenn das Bilderbuch quietscht und finden den blökenden und lärmenden Bauernhofcomputer gar nicht lustig.

Baby und fremde Personen

Alle Babys kommen ins sogenannte Fremdelalter. Das ist eine Phase, in der Baby sehr an der Bezugsperson hängt. Konnte es vorher gut bei der Nachbarin auf dem Arm sein, geht das mit sechs bis neun Monaten gar nicht mehr. Es scheint sich an die Mutter zu klammern und weint schon, wenn sie nur den Raum verlässt. Diese Phase machen alle kleinen Erdenbürger durch. Doch bei hochsensiblen Kindern ist das anders. Nicht nur in der Fremdelphase haben sie oft Schwierigkeiten, sich auf unbekannte Personen einzulassen. Das kann sogar für den Vater gelten. Auch Großeltern und andere Verwandte sind selten angetan davon, dass ein Baby sich nicht von ihnen auf den Arm nehmen lassen will. Grundsätzlich binden hochsensible Menschen sich erst an andere, wenn sie ausreichend Vertrauen aufgebaut haben.

Bei der Wahl der sozialen Kontakte gilt Klasse statt Masse. Ein hochsensibles Kind braucht keinen Haufen Freunde, kein riesiges Umfeld. Es konzentriert sich auf einige wenige, aber sehr wertvolle und innige Kontakte. Das wird sich niemals ändern

Der Grund liegt in den Reizen, die das Kind spürt. Grelle Farben, eine fremde Stimme und an allererster Stelle ein unbekannter Geruch lösen Unsicherheit und Angst im Baby aus. Sobald Sie den Verdacht haben, dass Sie ein hochsensibles Baby haben, sprechen Sie das in der Familie und im Freundeskreis offen an. Ein hochsensibles Baby wird die Erwartungen der

Erwachsenen selten erfüllen. Es lässt sich nicht von anderen füttern, lächelt sie nicht an und hat auch sonst mit den Eltern ausreichend Ansprechpartner. Nehmen Sie Ihrem Baby sein Verhalten nicht übel. Es schützt sich nur vor Überreizung. Das ist sein gutes Recht, stehen Sie schützend vor Ihrem Kind.

Sollten Sie eine Kinderbetreuung für bestimmte Zeiträume brauchen, muss diese Zeit in Ihrer Wohnung stattfinden. Eine fremde Person und eine fremde Umgebung zugleich sind für Ihr Kind viel zu belastend. Auch abwechseln die eine Oma und die andere Oma sind einem hochsensiblen Baby nicht zumutbar. Wenn Sie es sich leisten können, suchen Sie eine Betreuung für alle Zeiten, in denen Sie sich nicht kümmern können.

Baby und seine Langeweile

Eine Reizüberflutung kann schnell in Langeweile umschlagen. Wenn zu viele Reize wahrgenommen werden, kann das Baby sich nicht konzentrieren und beginnt, sich zu langweilen. Wenn das Baby keine Möglichkeit hat, sich einer einzigen Sache zuzuwenden, reagiert es verstimmt und entwickelt Langeweile und beginnt zu quengeln. Es will abgelenkt und beschäftigt werden.

Hier besteht ein Risiko, der Spagat zwischen den Bedürfnissen eines hochsensiblen Kindes und einer sinnvollen Erziehung. Babys sollen sich langsam darauf vorbereiten, auch mit Langeweile umzugehen. Sie sollen sich selbst motivieren, sich zu beschäftigen. Das wird zwar erst in späterem Alter wirklich wichtig, doch die Grundsteine für fast alles werden in den ersten Lebensjahren, im Baby- und Kleinkindalter gelegt. Schaffen Sie ein ruhiges Umfeld für das Baby. Helfen Sie ihm dabei, seine Nerven zu schonen. Geben Sie ihm ein Spielzeug, vielleicht zwei. Es braucht nicht viel, um sich zu beschäftigen. Seine Händchen und Füße hat es schließlich auch noch. Setzen Sie sich zu Ihrem Baby, so dass es Sie sehen kann. Bleiben Sie ruhig, wenn Ihr Baby auch ruhig ist. Lassen Sie Ihr Baby in Ruhe. Es wird sich, wenn alles gut läuft, früher oder später seinen eigenen Händchen, seinen Füßchen oder seinem Spielzeug zuwenden. So kommt es in den Prozess der kreativen Langeweile. Für Ihr Baby ist es enorm wichtig, dass es lernt, abzuschalten und sich seinen Reiz selbst zu wählen.

Baby und die Neugier

Hochsensible Babys wissen nichts von ihrer besonderen Fähigkeit und den Risiken, die sie mit sich bringt. Sie sind nicht weniger neugierig und lebensfroh als andere Babys auch. Ihr Baby will seine Welt erkunden. Deshalb ist wichtig, diese Welt relativ reizarm zu gestalten. Wenn das Baby die Erfahrung macht, dass außerhalb seiner bekannten Umgebung viele fremde Reize für eine Überforderung sorgen, könnte es mit Frustration reagieren oder sogar resignieren. Ein schüchternes, ängstliches Kind könnte sich entwickeln.

Für ein hochsensibles Kind sind die Eltern die Vorkoster der Welt, die für das Baby hinter dem gewohnten Horizont liegt. Dabei sollten Eltern ein hochsensibles Kind niemals drängen. Es braucht für manche Schritte ein bisschen länger. Ein hochsensibles Kind ist kein Rabauke, der seine Umgebung unsicher macht. Es ist vorsichtig und bedächtig, wenn man es in seinem eigenen Tempo die Welt erkunden lässt. Manchmal verliert es deshalb im Konkurrenzkampf mit Gleichaltrigen. Dieses Thema setzt sich fort. Es wird später Kindergartenfreunde finden und wahrscheinlich ein guter Schüler, aber kein Überflieger sein. Das erste feste Hobby wird wahrscheinlich später gefunden sein als bei anderen Kindern. Und als Teenager wird das hochsensible Kind kein Draufgänger sein, sondern sich eher etwas Zeit lassen.

Als Eltern sollten Sie sich früh damit abfinden, dass Ihr Kind in einer Liga spielt, in der die wenigsten

Konkurrenzkämpfe ausgetragen werden. Gönnen Sie den anderen Eltern ihre Erfolge und ihren Stolz. Sie haben einen wahren Schatz.

Babys Tagesablauf

Ein Baby muss erst noch lernen, dass ein Tagesablauf geregelt verläuft. Für hochsensible Babys ist Regelmäßigkeit sehr wichtig. Kleine Rituale und wiederkehrende Abläufe geben Ihnen und Ihrem Kind Ruhe und Sicherheit. Geben Sie Ihrem Kind die Möglichkeit, Sinneseindrücke wahrzunehmen und in aller Ruhe zu verarbeiten. Suchen Sie sich ein oder zwei Fingerspiele und eines oder zwei Kinderlieder, mit dem Sie Ihr Kind beschäftigen. Wiederholungen sind gut für die geschundenen Nerven eines hochsensiblen Babys. So erleben Sie sich und Ihr Baby gemeinsam in Phasen der Harmonie. Das ist wichtig, damit Ihnen nicht die Kraft ausgeht, die Sie in den kommenden Jahren mit einem hochsensiblen Kind noch sehr häufig brauchen werden.

Während Sie Ihr Baby wachsen sehen, sollten Sie lernen, dass Sie als Mutter oder Vater der Filter zwischen Ihrem Baby und seiner Umwelt sein müssen. Sie übernehmen die Funktion, die das Gehirn Ihres Babys nicht übernimmt. Sie schützen vor Reizüberflutung und Stress. Beachten Sie die Bedürfnisse Ihres Babys auch bei der Urlaubsplanung oder an Feiertagen. Es wird sich schwer umstellen können. Wenn Sie die Ruhe bewahren und keinen großen Stress erleben wollen, sollten Sie auf starke Veränderungen im Tagesablauf verzichten.

Zusammenfassung:

Babys, die mit einer Hochsensibilität geboren wurden, sind von Anfang an darauf angewiesen, dass Ihre Eltern die Begabung erkennen. Sie brauchen einen Kinderarzt, der weiß, welche Bedürfnisse die betreffenden Babys haben. Ein guter Kinderarzt sollte auch Verständnis für Sie als Eltern haben und auf Ihre Fragen eingehen. Achten Sie im Umgang mit Ihrem Kind darauf, dass es genug Reize erhält, ohne einer Reizüberflutung ausgesetzt zu sein. Geben Sie Ihrem Kind Materialien, die Geborgenheit ausstrahlen und stehen Sie ihm in Phasen der kreativen Langeweile geduldig bei.

IV. Hochsensibilität bei Kindergartenkindern

Wenn ein Kind in den Kindergarten kommt, betritt es zum ersten Mal eine vollkommen neue Welt. Nun haben Sie als Mutter oder Vater nicht mehr alle Möglichkeiten, Ihr Kind vor Überforderung zu bewahren. Im Kindergarten gibt es viele fremde Kinder, mindestens zwei neue erwachsene Bezugspersonen und neue Rituale und Abläufe. Leider sind Kindergärten immer bunt und laut. Das kann für ein hochsensibles Kind eine Qual sein. Wenn das Kind sich morgens nicht von Ihnen trennen will, kann das daran liegen, dass es schlicht Angst vor der Stressbelastung hat. Die Stressbelastungen in der KITA sind vielfältig.

- Fremde Erwachsene
- Fremde Kinder
- Lautes Spielzeug
- Wildes Spiel
- Fremdes Essen
- Fremde Abläufe

Für ein hochsensibles Kind können die Stunden in der KITA eine reine Tortur sein. Es erfüllt die Vorstellungen der Erwachsenen einfach nicht. Tobe-Spiele können ihm zu wild und Kinderlieder zu laut sein. Spielzeug in knallbunten Farben, das zudem auch noch Geräusche macht, könnte seine Sinne vollkommen überreizen. Selbst, wenn Sie Ihrem Kind Zeit zum Eingewöhnen geben, kann es sein, dass es sich nie wirklich wohlfühlt. Wenn es möglich ist, lassen Sie Ihr Kind niemals länger als nötig in der KITA bleiben. Vereinbaren Sie mit den Fachkräften, wie groß Ihr Entscheidungsspielraum sein wird. Muss das Kind jeden Tag kommen? Wann darf das Kind abgeholt werden? Je flexibler die Einrichtung auf Ihr Kind zu reagieren bereit ist, umso größer ist die Chance, dass die KITA-Zeit zu einer schönen Erinnerung wird.

Die Wahl der passenden Einrichtung

Wenn Sie wissen, dass Ihr Kind hochsensibel ist, sollten Sie bei der Wahl einer Kindereinrichtung sehr sorgfältig vorgehen. Der typische Kinderspaß in klassischen Einrichtungen ist Ihrem Kind fast nicht zumutbar. Achten Sie darauf, dass es mindestens einen geeigneten Rückzugsraum gibt. Erkundigen Sie sich darüber, welche Rituale durchgeführt werden. Fragen Sie nach den Bedingungen für Frühstück und Mittagessen. Viele hochsensible Kinder sind nicht in der Lage, in einem lauten Speiseraum zu essen. Wenn zu viele Zwänge in der Einrichtung herrschen, ist das nicht gut für Ihr besonderes Kind.

Häufig sind private Elterninitiativen, Montessori-Kindergärten oder Waldorfangebote besser auf die Bedürfnisse von hochsensiblen Kindern und ihren Eltern eingestellt.

Die folgenden Kriterien sollten Sie bei der Wahl eines Kindergartens unbedingt berücksichtigen:

- Betreuungsschlüssel
- Ausbildung der Erzieherinnen
- Wissen um den Umgang mit Hochsensibilität
- Ausreichend Raumangebote
- Ausreichens Möglichkeiten, in der Natur zu spielen

Mit befremdlichen Reaktionen gelassen umgehen

Hochsensibilität ist noch immer nicht in allen Teilen der Bevölkerung als existent anerkannt. Viele verwechseln das überreizte und dadurch gestresste Kind mit einer Hyperaktivität. Hier ist Vorsicht geboten. Gut gemeinte Ratschläge des Betreuungspersonals und anderer Eltern sollten Sie nicht ins Bockshorn jagen. Wenn das Kind in den Kindergarten kommt, sollten Sie spätestens einen wirklich guten und vertrauenswürdigen Arzt für Ihr Kind gefunden haben. Es gibt in manchen pädagogischen Konzepten noch immer Bestrebungen, alle kindlichen Verhaltensweisen normieren zu wollen.

Ihr Kind braucht Zuwendung, Verständnis und vor allem eine gesunde Umgebung. Ihr Kind braucht keine Medikamente, denn Medizin gegen diese Begabung gibt es (zum Glück) nicht. Oft sind klassische Einrichtungen nicht auf die Bedürfnisse von hochsensiblen Kindern eingestellt. Lassen Sie Ihr Kind die Umgebung testen. Wenn Sie erkennen, dass Ihr Kind mit Abwehr reagiert, sollten Sie lieber nach einer Alternative suchen.

Ein Besuch im Kindergarten darf auf keinen Fall von Angst begleitet sein. Viele Erzieherinnen fordern die Eltern auf, das Kind durchaus in den ersten Tagen weinend zurückzulassen. Einem hochsensiblen Kind (und auch keinem anderen) sollte niemand diese Tortur zumuten. Wenn es dann nach ein paar Wochen widerspruchslos in den Kindergarten geht, könnte eher Resignation als Freude der Grund dafür sein.

Freunde finden

Ein hochsensibles Kind ist schon früh in der Gefahr, von anderen emotional ausgebeutet zu werden. Seine Empathie und seine Bereitschaft, Toleranz und Mitgefühl zu zeigen, sind Stärken, die zu Schwächen werden können. Auch für ein Kindergartenkind fungieren die Eltern als Filter. Respektieren Sie die Wahl der Freunde, die Ihr Kind trifft. Bleiben Sie aber in jedem Fall wachsam. Manche hochsensiblen Kinder machen sich so viele Sorgen um das Wohlergehen anderer, dass sie seelisch und körperlich darunter leiden. Wenn Sie beobachten, dass Ihr Kind schlecht schläft, schlecht einschlafen kann oder häufig unter körperlichen Symptomen wie Übelkeit oder Kopfweh leidet, sollten Sie nach dem Besuch beim Arzt herausfinden, ob eine emotionale Belastung im Kindergarten vorliegt.

In einigen Einrichtungen werden hochsensible Kinder gern in die Rolle des „Vernünftigen" oder des „Vermittlers" gedrängt. Ihre Fähigkeit, Verständnis für andere zu zeigen, wird als Mittel zur Konfliktlösung eingesetzt. So kann das Kind schon sehr früh in den Bereich der sozialen Überforderung gedrängt werden. Bringen Sie Ihrem Kind Schritt für Schritt bei, dass Verständnis eine Fähigkeit ist, auf die es stolz sein kann. Gleichzeitig vermitteln Sie liebevoll, dass es sich in jeder Situation freiwillig entscheiden darf, Toleranz zu zeigen oder eben nicht. Im Kindergartenalter braucht ein hochsensibles Kind viel Hilfe dabei, seine eigenen Grenzen zu erkennen und selbstbewusst zu behaupten.

Unter Eltern

Eltern, die ein hochsensibles Kind haben, haben es nicht leicht. Andere Eltern zeigen oft wenig Verständnis. Sie schütteln nur verständnislos den Kopf, wenn Sie über die Begabungen Ihres Kindes sprechen. Kaum eine Gruppe weit einen so hohen Neidfaktor auf wie eine Gruppe von Eltern. Hier hilft Ihnen nur das Bewusstsein, dass Sie ein perfektes, sensibles und begabtes Kind haben. Die Vorzüge Ihres Kindes sehen andere Eltern vielleicht gar nicht. Nehmen Sie Ihr Kind in den Arm und genießen Sie die Harmonie, die zwischen Ihnen herrscht. Allein darauf kommt es an.

Wenn das Kind nach Hause kommt

Wenn das Kind aus dem Kindergarten nachhause kommt, braucht es zuerst einmal Ruhe. Niemals sollte ein hochsensibles Kind zwischen dem Kindergarten und dem Zuhause bei weiteren Betreuungspersonen „zwischengeparkt werden“. Das liegt eigentlich auf der Hand, viele Eltern sind sich dessen nur nicht bewusst. Stellen Sie sich vor, Sie müssen nach er Arbeit noch einen weiteren Termin wahrnehmen, und zwar unter Zwang. Ihre Sehnsucht nach einem heißen Bad oder Ihrer Coach müssten Sie regelmäßig auf den späteren Abend verschieben und am nächsten Tag ginge es wieder direkt zur Arbeit.

Lebensqualität und Ruhe sehen anders aus. Ihr Kind braucht Zuwendung und vor allem eine Zeit für die Entspannung. Die gewohnte Umgebung zuhause lässt das Kind Kraft tanken. Erarbeiten Sie auch mit einem Kindergartenkind regelmäßige Rituale. Ein Spaziergang, gemeinsames Kochen oder eine Vorlesezeit sind Möglichkeiten, Ihrem Kind Sicherheit zu bieten.

Je mehr Fixpunkte sich im Leben eines hochsensiblen Kindes finden lassen, umso weniger schwer wiegen Überforderung und Reizüberflutung.

Im Kindergarten wird Ihr Kind Situationen erleben, die sich auf sein Wohlgefühl auswirken können. Da ein hochsensibles Kind sehr empathisch ist und lange braucht, um emotionale Eindrücke zu verarbeiten, braucht es Redezeit. Den Sturz eines Kindergartenfreundes oder einen Konflikt wird es lange mit sich herumtragen. Lassen Sie diese Eindrücke auf keinen Fall unbearbeitet.

Mit Hilfe von guten Kinderbüchern, Bastelangeboten und Rollenspielen können Sie Ihrem Kind die Gelegenheit bieten, so lange über das Erlebte zu sprechen, wie es notwendig ist. Wenn Ihr Kind eine Ungerechtigkeit oder einen Konflikt gar nicht verarbeiten kann, sollten Sie sich an das Fachpersonal in der KITA wenden. Kinder reagieren mit Schlafstörungen, Fieber und anderen Auffälligkeiten, wenn etwas nicht in Ordnung ist. Lernen Sie die Signale kennen, die Ihr Kind sendet. Sie werden später im Schulalter davon profitieren, dass Ihr Kind Ihnen sehr vertraut ist.

Zusammenfassung:

Suchen Sie die Einrichtung für Ihr Kind sorgfältig aus. Lassen Sie sich, unter Umständen schriftlich, versichern, dass Erzieher und Einrichtungsleitung bereit und in der Lage sind, sich auf ein hochsensibles Kind einzustellen. Stellen Sie sich darauf ein, dass Sie mitwirken müssen, damit Ihr Kind sich wohl fühlt. Schützen Sie Ihr Kind davor, als empathischer Toleranzfaktor in der Gruppe missbraucht zu werden. Nehmen Sie sich nach dem Kindergarten täglich Zeit, um die emotionalen Eindrücke Ihres Kindes zu erfahren und sie mit ihm zu besprechen.

V. Hochsensible Schulkinder

Ähnlich wie der Eintritt in den Kindergarten ist auch die Einschulung der Beginn eines neuen und wichtigen Lebensabschnitts für ein Kind. Im Grundschulalter ist das Kind vielen entwicklungspsychologischen Anforderungen ausgesetzt. Unsere Großeltern kannten noch den Spruch: „Wackeln die Zähne, wackelt die Seele.“

Das weist darauf hin, dass sich das sechste bis zehnte Lebensjahr als sehr sensible und wichtige Phase für das Kind darstellen. So sind die meisten Kinder in der ersten und zweiten Schulklasse von den so genannten imaginären Ängsten betroffen. Gespenster, Elefanten im Kleiderschrank, Monster in der Toilette können dem Kind zusetzen.

Hochsensible Kinder erleben diese Phase meist sehr intensiv und brauchen viel Zuwendung, Trost und Unterstützung. Dabei sollten Eltern berücksichtigen, dass das Kind nicht etwa zu viel Fantasie hat, sondern dass es mit Vorstellungen zu kämpfen hat, die aus dem kollektiven Unbewussten kommen.

Hier hilft, den Fernsehkonsum einzuschränken, um nicht noch mehr grausige Bilder entstehen zu lassen. Außerdem sollten die Kinder ernst genommen werden. Die skurrilen Ängste sind für das Kind real. Als Mutter oder als Vater haben Sie die Aufgabe, dem Kind zu vermitteln, wie es mit Ängsten umgehen kann, um ihnen nicht hilflos ausgeliefert zu sein. Jetzt ist eine gute

Möglichkeit, um das Kind zu ermutigen, eine Entspannungstechnik zu lernen.

Der zweite, wichtige Entwicklungsschritt, der in diese Phase fällt, ist die 9-Jahres-Krise. Viele Experten gehen davon aus, eine Störung dieser Krise zu Egozentrik führen kann. Jetzt festigt sich das Ich-Bewusstsein des Kindes. Es beginnt, sich auf die Pubertät vorzubereiten. Die meisten Kinder wollen in dieser nur geliebt werden. Sie brauchen Aufmerksamkeit und immer wieder die Bestätigung: „Du bist gut so wie du bist". Einsamkeit und Selbstzweifel sind für diese Phase kennzeichnend. Das Kind entwickelt ein Bewusstsein für sich selbst und stellt Vergleiche mit anderen an.

Hochsensible Kinder leiden in dieser Krise mehr als andere Kinder. Sie tendieren ohnehin schon zu überzogenen Selbstzweifeln und erwarten viel von sich. Viele Kinder ziehen sich in dieser Phase zurück. Sie wollen spüren, dass sie wichtig sind und gebraucht werden. Obwohl Eltern denken, sie könnten nun endlich aufatmen, da ihr Kind inzwischen in der Lage ist, viele Dinge selbstständig zu erledigen, werden sie gerade jetzt sehr gebraucht.

Ehrlichkeit ist für hochsensible Kinder sehr wichtig. Sie können Ihrem Kind nichts verheimlichen, denn es verfügt über eine Zusatzportion Empathie. Beziehungskrisen, Krankheiten und Probleme im Job sollten Sie Ihrem Kind rechtzeitig und kindgerecht mitteilen. Es wäre verheerend, wenn Ihr Kind von selbst merkt, dass es Ihnen nicht gut geht und dabei den Eindruck gewinnt, dass Sie ihm etwas vorspielen.

Ist das der Ernst des Lebens?

Hochsensible Kinder haben meist ein ernstes Leben. Durch die erhöhte Wahrnehmungsfunktion haben sie mehr Eindrücke zu verarbeiten, als vielleicht gut für sie ist. Hochsensible Kinder können witzig sein und komisch, sie können Spaß beim Spielen haben und andere zum Lachen bringen. Ein Spaß ist das Leben mit Hochsensibilität jedoch nicht.

In der Schule kann es zu Leistungsdruck und Perfektionismus kommen. Darüber hinaus findet ein hochsensibles Kind nicht so leicht Freunde, denn es stellt Ansprüche an seine Beziehungen.

Schützen Sie Ihr Kind vor seinen eigenen Erwartungen. Sie sollten den Schulbesuch Ihres Kindes als eine Chance auf Bildung sehen. Halten Sie die überzogenen Ansprüche von Ihrem Kind fern, dass es sich ausschließlich auf seinen späteren, beruflichen Erfolg vorbereitet.

Hochsensible Kinder haben häufig sehr interessante und alternative Lebensläufe. Sie eignen sich hervorragend für Berufe, die Empathie und Kreativität erfordern. Künstler, Seelsorger, Politiker oder Sozialarbeiter sind häufig hochsensibel. Diese Berufe erfordern eine gute persönliche Bildung auf vielen Gebieten. Geben Sie Ihrem Kind die Chance, sich selbst zu entwickeln und seine Berufung zu finden. Setzen Sie weniger auf Zensuren als auf echte Lernerfolge.

Wenn Sie eine Montessorischule oder eine Waldorfschule in der Nähe haben, sollten Sie darüber nachdenken, ob Ihr Kind an einer dieser Schulen nicht bessere Fördermöglichkeiten geboten bekommt. Unter Umständen werden dort seine musischen und emotionalen Fähigkeiten mehr geschätzt als auf einer klassischen staatlichen Schule.

Die Kompetenzen, die Ihr Schulkind in der Grundschule erwerben soll, damit es ein gutes Rüstzeug fürs Leben hat sind nicht nur Rechnen und Schreiben. Ihr Kind sollte lernen:

- seine Grenzen zu erkennen
- Grenzen zu respektieren
- Selbstbewusst seine besonderen Fähigkeiten auszuleben
- seinen Selbstwert unabhängig von Zensuren zu erkennen
- Selbstdisziplin und Eigenmotivation zu entwickeln
- Wege zu finden, die eigene Konzentration aufrecht zu halten.

Für Ausgleich und Freiräume sorgen

Wenn Ihr Kind nach Hause kommt, braucht es Freiräume. Mit einem hochsensiblen Kind kann niemand Freizeitstress veranstalten. Ihr Kind braucht seine Zeit, um die vielen Eindrücke aus der Schule zu verarbeiten. Es sieht Ungerechtigkeiten, Gemeinheiten und Sorgen der anderen Kinder.

Bieten Sie Ihrem hochsensiblen Kind auf jeden Fall die Gelegenheit, mit Ihnen zu sprechen. Stellen Sie kreative Materialien zur Verfügung, damit Ihr Kind seine seelischen Prozesse durch Malen, Basteln und Musizieren verarbeiten kann.

Ihr Kind kann im Grundschulalter lernen, mit seinen eigenen Grenzen umzugehen und Möglichkeiten der seelischen Befreiung zu finden. Gehen Sie mit gutem Beispiel voran und machen Sie Kreativität, Entspannung und Selbstfürsorge zu ganz alltäglichen und normalen Aspekten Ihres Familienlebens.

Beziehen Sie ein Schulkind in die alltäglichen Abläufe ein. Ein hochsensibles Kind reagiert auf plötzliche Veränderungen mit Enttäuschung. Eltern überschätzen Schulkinder meist. Die Schule ist eine Anstrengung, die viel vom Kind verlangt. Dabei geht es weniger um gute Noten, als vielmehr um die sozialen Ansprüche, die Lehrer und Mitschüler stellen. Es gibt Konflikte, Unzuverlässigkeiten und Verletzungen. Ein hochsensibles Kind leidet drunter. Wenn im Elternhaus noch Willkür herrscht, wird es zu viel für das Kind. Der Zettel auf dem Küchentisch mit der Mitteilung, dass die

Eltern erst am Abend zuhause sein werden, kann das Kind plötzlich überfordern. Es hat seinen gewohnten Tagesablauf und hält sich daran fest. Wenn dieser Halt wegfällt, fühlt sich das Kind orientierungslos. Nehmen Sie sich die Zeit, Ihrem Kind rechtzeitig zu erklären, wann es Ausnahmen gibt und was die Gründe dafür sind.

Hilfe holen, bevor es zu spät ist

Wenn Sie bemerken, dass Ihr Kind sich zurückzieht, traurig ist oder schweigsam wird, sollten Ihre Alarmglocken klingeln. Es gibt viele Hilfsangebote für Eltern von hochsensiblen Kindern. Darüber hinaus sind auch normale Erziehungsberatungsstellen in der Lage, Sie zu beraten, wenn Sie sich Unterstützung wünschen. Jedes Elternteil in der Bundesrepublik Deutschland hat das Recht auf kostenlose und anonyme Erziehungsberatung durch eine Fachkraft. Jugendämter, Diakonie und Caritas können Ihnen helfen, den richtigen Ansprechpartner zu finden.

Scheuen Sie sich nicht, ein solches Angebot in Anspruch zu nehmen. Es ist gut für Ihr Kind und für Sie, wenn Sie in schwierigen Situationen nicht allein sind.

Essstörungen, Borderline und andere Symptome können in dieser Zeit bereits auftreten. Wenn Ihr Kind unglücklich scheint, ziehen Sie den Kinderarzt zu Rate, damit Sie Risiken für die Entwicklung und die Gesundheit ausschließen können.

Schutz vor Klischees

Solange es Menschen gibt, gibt es Klischees. Ein hochsensibles Kind wird von Lehrern und Mitschülern schnell in die Schublade „anstrengend“ gesteckt. Das ist besonders dann der Fall, wenn Sie und Ihr Kind nicht über die Bedeutung von Hochsensibilität sprechen. Jetzt ist der richtige Zeitpunkt, Ihrem Kind dabei zu helfen, seine eigenen Begabungen und Talente zu würdigen. Es sollte auf keinen Fall zu einer „Besonderheit“ im negativen Sinne werden. Viele Freizeitvergnügungen, mit denen andere Kinder sich belustigen, sind für das hochsensible Kind schlicht langweilig. Es ist viel zu kreativ, um Popstars nachzumachen. Vielmehr ist das hochsensible Kind selbst ein Star. Ermutigen Sie Ihr Kind, seine Persönlichkeit auszuleben. Erlauben und fördern Sie einen individuellen Kleidungsstil, Interesse an Kultur und künstlerische Aktivitäten.

Je besser Ihr Kind weiß, dass seine Andersartigkeit positiv gesehen werden kann, umso eher baut es ein gesundes Selbstwertgefühl auf. Achten Sie nur peinlich genau darauf, dass Ihr Kind seine Begabungen und Talente nicht ausschließlich für andere einsetzt. Das große Einfühlungsvermögen Ihres Kindes könnte sonst schnell zur Falle werden und im Helfersyndrom seinen Ausdruck finden.

Lehrer und andere Erwachsene rufen hochsensiblen Kindern gern zur Verantwortung. Sie helfen den Schwächeren bei den Hausaufgaben, schlichten Streit und vergessen sich dabei selbst. Das führt zu Situationen der Überforderung. Für ein hochsensibles Kind ist die Hilfe für den Helfer wichtig. Erklären Sie Ihrem Kind, das Sozialverhalten keine Einbahnstraße ist. Machen Sie ihm das Prinzip der Win-Win-Situation verständlich. Je sensibler ein Mensch ist, umso wichtiger ist, dass er seine Grenzen erkennt, darstellt und einhält.

Lassen Sie Ihr Kind nicht zum seelischen Mülleimer für andere werden. Es muss lernen, Mitgefühl auch mit sich selbst zu entwickeln. Als Eltern können Sie natürlich mit gutem Beispiel vorangehen. Zeigen Sie Ihrem Kind auf, das Freundschaft und Ausnutzen nicht zusammenpassen und dass zwischen Menschen ein fairer Umgang herrschen sollte.

Ein Wort zum Thema Mobbing

Hochsensible sind häufiger betroffen von Diskriminierung und Ausgrenzung als andere Kinder. Das liegt daran, dass die Täter schnell spüren, dass ihre Angriffe und Fiesheiten Wirkung zeigen. Verlangen Sie von Ihrem Kind nicht, dass es abhärtet. Es geht einfach nicht. Suchen Sie sofort beim ersten Anzeichen von Mobbing ein Gespräch mit dem Lehrer und bleiben Sie so lange aktiv und wachsam, bis Sie zu 100 Prozent sicher sein können, dass das Risiko aufgehoben ist.

In dieser Phase beginnen die Freundschaften des Kindes immer mehr Bedeutung zu erlangen. Das setzt sich bis zu seinem Höhepunkt in der Pubertät fort. Viele Eltern sind blauäugig, wenn es um die Freunde des eigenen Kindes geht. Man kennt ja schließlich die Eltern und die Kinder waren schon zusammen im Kindergarten. Lassen Sie sich immer wieder erzählen, was die Freunde miteinander unternehmen. Oft schleichen sich Machtkämpfe und Unterdrückung ein. Es gibt Kinder, die ihr Einfühlungsvermögen so weit treiben, dass sie sich selbst verletzen, um einem leidenden Freund nahe zu sein. Sie können Ihrem Kind vertrauen. Sie können aber nicht blind jedem Kontakt Ihres Kindes vertrauen.

Bewahren Sie Ihr Kind aktiv vor den drei häufigsten Schubladen für Hochsensible:

- anstrengend
- immer hilfsbereit
- überdurchschnittlich belastbar

Leistungsdruck ist kontraproduktiv

Ein hochsensibles Kind ist immer in der Gefahr, sich unter Druck zu setzen. Das kann zu einer Form von Hyperaktivität im Wechsel mit Erschöpfungszuständen werden. Keine Kompetenz ist für ein hochsensibles Kind so wichtig wie die Fähigkeit, sich zu entspannen.

Es gibt Kursangebote wie Yoga oder autogenes Training für Kinder, die sogar von der Krankenversicherung bezahlt werden. Hochsensible Kinder können über eine schlechte Zensur verzweifeln. Sie hadern mit sich selbst, wenn sie ihre eigenen Ziele nicht erreichen.

Definieren Sie mit Ihrem Kind eine Lebensvision. Das können Sie sehr schön über eine Collage darstellen. Welche Wünsche und Pläne hat Ihr Kind für seine Zukunft. Sie können ein buntes Zukunftsbild herstellen, auf dem keine Zensuren und kein guter Schulabschluss Beachtung finden. Selbstverständlich haben die meisten hochsensiblen Kinder gute Noten. Das liegt an ihrer Fähigkeit, sich Dinge lange zu merken und einfach mehr mitzubekommen. Aber das muss nicht unbedingt so sein. Die seelischen Entwicklungen und die Neun-Jahres-Krise können zu einem Leistungsabfall führen. Helfen Sie Ihrem Kind, sich nicht nur über seine Leistung zu definieren. Unterstützen Sie Ihr Kind dabei, eigene Inhalte für sein Leben zu finden, die nichts mit Schule oder Leistung zu tun haben.

Lassen Sie Ihr Kind testen, worauf es Lust hat. Verlangen Sie nicht grundsätzlich, dass es sich für ein Hobby entscheidet und dieses beibehält. Ihr Kind spürt, was ihm guttut. Geben Sie ihm die Chance, diesen Veränderungen offen zu begegnen. Am besten beschäftigt sich Ihr Kind in der Freizeit mit Hobbys, die nicht wettbewerbsorientiert sind. Das stellt einen guten Ausgleich zum Leistungscharakter der Schule dar.

Zusammenfassung:

Ersparen Sie Ihrem Kind Leistungsdruck von außen und beobachten Sie, ob Ihr Kind sich selbst unter Druck setzt. Schaffen Sie nach der Schule Freiräume, in denen Ihr Kind sich kreativ ausdrücken kann. Vermeiden Sie nach der Schule einen Wettbewerbscharakter im Freizeitbereich.

VI. Hochsensible Teenager

Die Pubertät ist für Kinder und Eltern eine schwierige Zeit. Das kann sich bei hochsensiblen Teenagern noch verstärken. Teenager haben häufig das Gefühl, an der Welt und ihrer Ungerechtigkeit zu verzweifeln. Sie wünschen sich ein Ende aller Kriege auf der Erde und möchten, dass alle Menschen zu essen und ausreichend gesundes Wasser zur Verfügung haben. Außerdem erleben sie sich plötzlich neu. Das Verhältnis zu den Eltern ändert sich, alle Grundpfeiler des Lebens scheinen mit einem Mal ins Wanken zu geraten.

Hochsensible Teenager wirken oft sehr reif für ihr Alter. Sorgen Sie dafür, dass Ihr Teenager sich nicht selbst überfordert. Er mag reif wirken, doch er braucht für seine erfolgreiche Pubertät nicht weniger Zeit als andere Kinder. Außerdem ist er auf Zuwendung und Anerkennung nicht weniger angewiesen als andere Menschen auch. Er mag stark wirken, doch in seinem Innern tobt oft ein emotionaler Existenzkampf. Die Fülle seiner Wahrnehmungen und der damit verbunden Emotionen scheint in der Außenwelt keinen Platz zu haben. Oft findet er keine Ansprechpartner für die Dinge, die ihn bewegen.

Oft hat er Sehnsucht nach seinen Eltern und will sich gleichzeitig ablösen. Es hilft ihm, wenn es weiß, dass Sie in Bereitschaft sind.

Eine Einladung zu einer Tasse Tee und ein paar Keksen können zum Ritual werden. So erkennt der Teenager, dass Sie bereit sind, sich ihm zuzuwenden. Vielleicht nutzt er die Gelegenheit, um sich Ihnen anzuvertrauen. Vielleicht aber auch nicht. Halten Sie das offene Angebot in jedem Falle aufrecht.

Liebe und andere Störungen

Ein hochsensibler Teenager könnte wie ein Spätzünder in Sachen Liebe wirken, denn er wählt mit großem Bedacht, wem er sein Herz öffnet. Es kann aber auch sein, dass er sich alle paar Wochen neu verliebt. Oft ist ein hochsensibler Teenager sehr begehrt. Er ist einfühlsam, großzügig und in der Lage, sich vollkommen hinzugeben. Das macht ihn zu einem begehrten Freund für jeden, der sich in seiner ersten Beziehung geborgen und geliebt fühlen will.

Die Liebe ist ein starkes und großartiges Gefühl. Den hochsensiblen Teenager kann sie aus den Schuhen hauen. Plötzlich hat er nur noch Augen für den Partner, fühlt sich ein, hilft und versteht. Wenn seine Bemühungen auf Anerkennung und Wertschätzung treffen, ist alles in Ordnung. Dann dürfen Sie eine zauberhafte junge Romanze beobachten, wie sie sich der beste Drehbuchautor nicht hätte ausdenken können. Doch wenn, was meistens der Fall ist, die Liebe Ihres Nachwuchses nicht erwidert wird und er in seiner Hingabe ausgenutzt wird, braucht er starke Eltern, die sich für den Absturz vorbereiten.

Sehr sanft und vorsichtig muss das Selbstwertgefühl des jungen Menschen gestärkt werden. Auch hier geht es wieder um Grenzen. Sprechen Sie offen mit ihm. Was erwartet Ihr Kind von einer Beziehung? Was ist Ihr Kind bereit zu geben und wo hört der Spaß auf? Werden Sie in dieser Phase nicht zum Kumpel Ihres Kindes. Geben Sie die Funktion des Elternteils, auf das immer Verlass ist, nicht auf. Auf dem Weg in eine unsensible Welt ist das Kind auf jede Hand angewiesen, die es ergreifen kann.

Lassen Sie Ihrem Kind die Zeit, die es braucht, um sich auf diesem vollkommen neuen Gebiet zurecht zu finden. Sie können ihm keine Erfahrungen abnehmen, aber Sie können helfen, die Erfahrungen zu verarbeiten.

Revolution gegen die Eltern

Das hochsensible Kind braucht seine Eltern sehr lange. Trotzdem ruft in der Pubertät alles nach Freiheit und Selbstbestimmung. Das kann zu einem inneren Konflikt führen. Die Ambivalenz zwischen dem Bestreben nach Autonomie und dem Bedürfnis nach elterlicher Zuwendung kann einem hochsensiblen Kind enorm zusetzen. Sie können Ihrem Kind diesen Prozess erleichtern, indem Sie sich von selbst ein wenig im Hintergrund halten.

Erwarten Sie nicht, dass Ihr Kind sich Ihnen gegenüber verhält wie vor der Pubertät. Zeigen Sie deutlich, dass Sie es begrüßen, dass es ins Erwachsenenalter eintritt. Dabei sollten Sie betonen, dass Sie bereit sind, Eltern zu bleiben. Zeigen Sie Ihrem Kind, dass Sie wissen, dass es ein eigenständiger Mensch ist.

Selbst die freundlichsten und tolerantesten Eltern stöhnen über die Pubertät ihrer Kinder. Hochsensible Kinder zeigen sehr häufig eine intensivere Gefühlsstärke als andere Kinder. Das hat zur Folge, dass auch die Revolte viel stärker ausfällt. Da kann es vorkommen, dass Ihr Kind sich plötzlich zu radikalen Gruppen hingezogen fühlt oder sein Aussteigen in Indien plant. Bewahren Sie Ruhe. Lasen Sie Ihrem Kind die gedankliche Freiheit, die es braucht. Hochsensibilität geht häufig mit einer großen Kreativität und Intelligenz einher. Ihr Kind wird nichts tun, was ihm schadet. Das bedeutet leider auch, dass es sich unter Umständen kein Abenteuer entgehen lassen wird.

Es kann zu extremen Ausbrüchen von Aggression den Eltern gegenüber kommen. Dabei gilt, dass auch ein hochsensibler Mensch Erziehung, Grenzen und Sozialverhalten braucht. Sicher haben Sie Verständnis für die inneren Querelen, unter denen Ihr Kind leidet. Doch Sie haben auch eine typische Elternaufgabe zu erfüllen. Auch ein hochsensibles Kind muss sich an Regeln halten und seine Aufgaben erfüllen. Bleiben Sie also bei aller Liebe immer konsequent und stabil in Ihren erzieherischen Entscheidungen zum Wohle des Kindes.

An dieser Stelle fällt es vielen Eltern schwer, ihr Kind loszulassen. Doch vergessen Sie nicht, dass ein Kind nur sich selbst gehört. Gerade hochsensible Kinder regieren sehr zornig, wenn man Ihnen schon vor dem ersten Flug die Flügel stutzen wird.

Ab jetzt wird Elternschaft für Sie unter Umständen zu einer Zeit voller Sorgen, die Sie mit sich herumtragen. Jetzt ist die Zeit, dass Sie an sich denken. Ihr Kind ist ein wahrer Schatz, dessen können Sie gewiss sein. Ob es sich in der Welt behaupten wird und wohin sein Lebensweg führt, haben Sie bereits in den ersten Lebensjahren mitentschieden. Sie haben Ihr Bestes gegeben, jetzt muss das Kind sein Schicksal selbst in die Hand nehmen.

Über die Situationen sprechen

Die beste Vorbereitung auf das Leben ist für ein hochsensibles Kind, wenn es seine eigene Situation einschätzen und überblicken kann. Sie haben sich schon viele Jahre mit den besonderen Begabungen Ihres Kindes befasst. Nun will der Teenager sein, wie alle anderen.

Viele Eltern reagieren hilflos auf die Verzweiflung des eigenen Kindes. Der Teenager kann unter Umständen nicht erkennen, welche Vorteile seine Hochsensibilität mit sich bringt. Er schämt sich vielleicht eher, weil er nicht ist wie alle anderen. Viele Hochsensible erleben Ihre Begabungen in manchen Lebenssituationen mehr als einen Fluch denn als eine Gabe. Hier können Eltern nur immer wieder ermutigen, seinen eigenen Weg zu finden. Dabei sind konkrete Vorschläge hilfreicher als ein schwacher Trost.

Helfen Sie Ihrem Kind, indem Sie mit ihm gemeinsam Anlaufstellen suchen, die zur Beratung zur Verfügung stehen. Suchen nach Lebensläufen von Hochsensiblen und helfen Sie Ihrem Kind, Selbstbewusstsein zu entwickeln.

Eigenverantwortung trainieren

Eigenverantwortung ist ein hoher Anspruch. Gerade Hochsensible brauchen diese Fähigkeit. Ihnen fällt im Leben nichts in den Schoß. Schnell werden hochsensible Kinder merken, dass man ihnen Verantwortung übertragen und aufbürden will. Zur Eigenverantwortung des hochsensiblen Teenagers gehört, dass es lernt, für sich selbst zu sorgen. Der hochsensible Teenager ist dabei weniger in der Gefahr, in Pizzakartons und alten Socken unterzugehen. Sein Risiko sind die Emotionen, die er erlebt, während er sich durch die Welt bewegt. Wut, Angst, Liebe und alle anderen Gefühlsregungen empfindet der Hochsensible stärker als andere Kinder. Aus diesem Grund hat er mehr zu verarbeiten. Seine Eltern sollten ihm daher Möglichkeiten vermitteln, seine Gefühle zu beherrschen und richtig einzuordnen.

Gefühle sind Motivationen. Es ist von großer Bedeutung, dass ein hochsensibles Kind lernt, dass nicht jede Motivation in eine Handlung umgesetzt werden darf.

Bei einem Wutausbruch darf niemand zu Schaden kommen. Liebe soll nicht zur Selbstschädigung werden. Angst darf nicht der eigenen Zukunft im Weg stehen.

Wer so viel fühlt wie ein hochsensibles Kind, droht immer wieder in Gefühlen zu ertrinken. Burnout und Depressionen können die Folge sein. Ein Teenager kann darüber Bescheid wissen und lernen, die Symptome einer seelischen Erschöpfung oder einer Erkrankung zu erkennen. So garantieren die Eltern, dass er sich selbst schützen kann. Das ist der wichtigste Faktor der Eigenverantwortung.

Hochsensible mit all ihren Kompetenzen sind sehr attraktiv für jede Art von Kontakt. Sie sind die perfekten Nachwuchskräfte für Vereine, hervorragende Kandidaten für Ehrenämter und großartige Freunde für vereinsamte und belastete Teenager und Erwachsene. Der hochsensible Teenager sollte von seinen Eltern lernen, wo seine Grenzen liegen und an welcher Stelle seine Verantwortung endet. Sonst wird er zwischen dem Wunsch nach Anerkennung und den Aufgaben für andere Personen aufgerieben.

Eigenverantwortung kann jeder Mensch trainieren. Weisen Sie Ihren Teenager auf seine Selbstfürsorge hin. Dazu gehören immer, auch wenn er verliebt ist oder gerade ein Ehrenamt übernommen hat, die folgenden Aspekte täglich:

- Körperpflege
- saubere Kleidung
- wohnliche Umgebung
- gesundes Essen
- ausreichend trinken
- soziale Kontakte, die er genießen kann
- Freizeit

Mindestens wöchentlich sollte Ihr Kind dafür sorgen, dass die folgenden Maßnahmen auf dem Plan stehen:

- Sport
- Kultur/ Kunst/ Musik (aktiv)
- Entspannung

Es ist ein langer Weg von der Kindheit zur Eigenverantwortung. Je früher Ihr Kind zu trainieren beginnt, umso schneller und wirkungsvoller setzen erste Lernerfolge ein.

Zusammenfassung:

Hochsensible Teenager sind ein hochsensibles Thema. Achten Sie darauf, die Schere zwischen Autonomie und Geborgenheit im Blick zu behalten, auf der Ihr Kind sich bewegt. Beginnen Sie, Ihrem Kind zu vermitteln, wie es selbst mit seiner Hochsensibilität umgehen kann, wenn Sie als Filter ausfallen. Vermitteln Sie Ihrem Kind Eigenverantwortung, denn die ist erforderlich, damit Ihr Kind als Erwachsener Struktur und Ordnung einhalten kann.

VII. Hochsensibilität im Doppelpack

Es kommt nicht selten vor, dass mehr als ein Mitglied einer Familie hochsensibel ist. Es kann ein Elternteil und eines der Kinder betreffen. Ebenso ist möglich, dass alle Geschwister hochsensibel sind. Dann entsteht eine anspruchsvolle Konstellation. Plötzlich leben die hochsensiblen gemeinsam mit nicht-Betroffenen zusammen. Die Familie besteht aus zwei Gruppen. Während die einen zu lauter Musik ausgelassen tanzen, werden die anderen nervös. Die einen freuen sich über blinkende Weihnachtskugeln und die anderen finden den bunten Weihnachtsbaum unerträglich. Hier sind Konflikte vorprogrammiert. Die Eltern sollten darauf achten, dass sich keine dauerhafte Disharmonie einstellt.

Individualität zulassen

Auch hochsensible Menschen sind mehr als ihre Besonderheit im Bereich der Wahrnehmungen. Sie haben individuelle Vorlieben und einen eigenen Geschmack. Sie mögen andere Stars, andere Filme und treiben unterschiedliche Sportarten. Es ist nicht gut, hochsensible Menschen auf diese Eigenschaft zu reduzieren. In einer Familie sind alle verschieden. Trotzdem gibt es Schnittmengen und Gemeinsamkeiten. Wenn diese Schnittmengen und Gemeinsamkeiten gefunden werden, kann die Gruppe gut zusammenleben, ohne dass sich Parteien bilden, die sich gegenüberstehen.

Rücksicht vermitteln

Hochsensible fordern und brauchen sehr viel Rücksichtnahme. Sie können oft nicht über Details hinwegsehen, die anderen Menschen gar nicht auffallen. Manchmal verfügen Sie über das sprichwörtliche Gedächtnis eines Elefanten. Sie wollen Fragen beantworten, die andere schon vergessen haben. In den meisten Familien erleben hochsensible Kinder, dass die anderen Familienmitglieder Rücksicht nehmen. Das ist auch gut so. Das hochsensible Kind ist auf Rücksicht angewiesen. Da es viel empfindsamer ist als die anderen, wird es schneller gestresst und überfordert.

Auch Hochsensible sollten zur Rücksichtnahme erzogen werden. So kann zum Beispiel das hochsensible Kind seinen Eltern und Geschwistern nachsehen, wenn diese ein Detail vergessen haben, dass dem hochsensiblen Kind noch lange im Kopf herumschwirrt. Gegenseitige Rücksicht soll das Erziehungsziel aller Eltern sein, die eines oder mehrere hochsensible Kinder erziehen.

Tipps gegen Überforderung

Eltern von hochsensiblen Kindern sind stark beansprucht. Selbst, wenn das Kind schon den Kindergarten oder die Schule besucht, braucht es noch viel Zuwendung. Die Eltern sind sein Schutz. Eltern sind intensiver und vor allem länger mit Ihrem Kind befasst als die Eltern anderer Kinder. Nicht nur Sorgen, sondern auch die ständige Präsenz strengen sehr an. Wenn Sie das Gefühl haben, an die Grenzen Ihrer Kraft zu stoßen, können Ihnen die folgenden Tipps helfen, die Überforderungsfalle zu umgehen.

Suchen Sie das Gespräch

Viele Eltern haben Angst, sich Rat bei Fachleuten zu holen. Sie fürchten, als schlechte oder ungeeignete Eltern entlarvt zu werden. Die Sorge ist vollkommen unbegründet. Erziehungsberatung und Psychotherapie zeigen, dass Sie sich der Verantwortung für Ihr Kind stellen und bereit sind, sich helfen zu lassen. Das ist eine sehr gute Eigenschaft von Eltern.

Machen Sie sich Ihre Bedürfnisse deutlich

Jeder Mensch hat Bedürfnisse. Das gilt auch für eine Mutter und für einen Vater. Das Leben mit einem hochsensiblen Kind kann mit sich bringen, dass den

Eltern kaum Zeit für Ihre eigenen Angelegenheiten und Ihre Bedürfnisse bleibt. Langsam aber ganz sicher werden Ihre Kräfte immer mehr nachlassen, wenn Sie nicht dafür sorgen, dass Sie auch an sich denken können. Fragen Sie sich, was Ihnen wichtig ist und was Sie unbedingt wieder einmal unternehmen, erleben oder machen wollen. Machen Sie einen Vormittag oder Nachmittag für sich selbst zum festen Termin. Regeln Sie die Betreuung Ihres Kindes langfristig und sorgen Sie dafür, dass Ihnen nichts dazwischenkommt. Ein paar Stunden pro Woche sind nicht viel, aber mehr als nichts.

Sprechen Sie auch über Ihre Bedürfnisse. Je mehr Menschen eingeweiht sind, umso wahrscheinlich ist, dass Ihnen jemand etwas abnehmen kann. Wenn Sie jemanden aus der Familie finden, der Ihnen eine alltägliche Aufgabe abnimmt, damit Sie sich ausruhen können, ist das eine sehr gute Möglichkeit, neue Kraft zu tanken. Wahrscheinlich brauchen Sie eher Hilfe im Haushalt als einen Babysitter, denn Ihr Kind wird wahrscheinlich nicht bereit sein, eine fremde Person zu akzeptieren. Wenn es Ihnen irgendwie möglich ist, eine Haushaltshilfe zu bezahlen, sollten Sie unbedingt darüber nachdenken. Für Eltern eines hochsensiblen Kindes ist eine Haushaltshilfe eine bessere Investition als eine Fernreise.

Lassen Sie sich helfen

Wer auch immer Hilfe anbietet, nageln Sie ihn fest. Machen Sie aus einem „Ich könnte ja mal..." sofort eine

Chance für sich. Fragen Sie wann, wie lange und was angeboten wird. Machen Sie sofort einen Termin aus. Sie brauchen konkrete Entlastung. Greifen Sie nach jedem Strohhalm, der sich Ihnen bietet.

Suchen Sie Gleichgesinnte

Etwa jedes fünfte Kind, dass in der Bundesrepublik geboren wird, ist ein hochsensibles Kind. Es gibt also viele Eltern, denen es ähnlich geht wie Ihnen. Versuchen Sie, diese anderen Eltern zu finden. Ein Aushang beim Kinderarzt oder eine Annonce in der Zeitung können Ihnen dabei helfen. Wenn Sie gemeinsam etwas unternehmen, haben Sie nicht das Gefühl, mit Ihrem Kind ausgeschlossen zu sein. Sie müssen diesen Eltern nicht erklären, dass Ihr Kind im Indoor-Spielplatz Panik bekommt und blinkende Turnschuhe nicht lustig findet, sondern blöd. Sie müssen sich nicht rechtfertigen und nicht erklären. So kann eine Gruppe von drei oder vier Personen mit hochsensiblen Kindern entspannender auf Sie wirken als eine Situation, in der Sie mit Ihrem Partner und Ihrem Kind unterwegs sind.

Denken Sie immer wieder an sich selbst

Wenn Sie ausgepowert sind, können Sie nicht mehr für Ihr Kind da sein. Das wäre für Sie beide eine Katastrophe. Sie sollten daher sehr verantwortungsbewusst mit sich und Ihren Kräften umgehen. Sorgen Sie dafür, dass Sie Zeit für Wellness und Entspannung haben. Ein heißes Bad oder eine Entspannungsübung sollten jeden Tag möglich sein.

Holen sie Fachleute ins Boot

Ärzte, Psychotherapeuten und Berater stehen Ihnen zur Seite, wenn sie Unterstützung brauchen. Lassen Sie sich bei Bedarf auch darüber informieren, ob Ihnen eine Kur oder eine andersartige Unterstützung gesetzlich zusteht. Nutzen sie alles, was möglich ist. Ihr Kind braucht Sie, achten Sie auf sich!

Anhang für engagierte Lehrer

15 Tipps, damit der Umgang mit hochsensiblen Kindern gelingt:

Es ist schön, dass ein Thema wie Hochsensibilität auch in den Klassenzimmern mehr Aufmerksamkeit erhält. Wachsendes Interesse bei Lehrkräften sowie Sozial- und Heilpädagogen ist ebenfalls zu beobachten. Geben Sie der Lehrkraft Ihres Kindes die folgenden Tipps an die Hand. Sie können auch darum bitten, dass im Rahmen eines Elternabends über die besondere Situation Ihres Kindes gesprochen wird. Dann sind die Eltern der Klassenkameraden auch sofort informiert. Wenn Sie die Möglichkeit haben, über sich und Ihr Kind zu sprechen, sollten Sie sich gut vorbereiten. Sprechen Sie weniger nur von Ihrem Kind, stellen Sie lieber allgemeine Informationen zur Verfügung als individuelle Eigenheiten. So vermeiden Sie, dass die anderen Eltern Ihnen unterstellen, Ihr Kind in den Mittelpunkt rücken zu wollen. Bereiten Sie eine Redezeit von drei bis fünf Minuten vor. Statistische Daten und ein kurzer Einblick in das Leben mit überdurchschnittlicher Wahrnehmung können dafür sorgen, dass die Eltern der anderen Kinder mit Verständnis und Offenheit reagieren. Das kommt Ihrem Kind entgegen.

Für Lehrer sind die folgenden Hinweise gedacht:

1. Stimmen Sie sich mit den Eltern ab. Diese haben meist bereits eine Strategie. Machen Sie den Eltern klar, dass deren Kind trotz allem eines von vielen Kindern ist.

2. Versuchen Sie, dass Klima in Ihrem Klassenraum generell reizarm zu gestalten. Das hilft allen Kindern.

3. Richten Sie in Ihrem Lehrraum möglichst eine Ruhe Ecke ein, in der sich die Kinder erholen können.

4. Bieten sie Ihren Schülern ein Entspannungstraining an. Versuchen Sie den bewussten Umgang mit Stresssituationen der Kinder zu fördern. Steigern Sie beispielsweise in Situationen das Stresslevel schrittweise. Lassen Sie den Schülern situationsbezogen die Option, bestimmte Tätigkeiten selbst auszuwählen.

5. Eine klare Gliederung des Lernstoffes hilft hochsensiblen Kindern, den Überblick zu behalten.

6. Sehen Sie Hochsensibilität nicht als Krankheit an. Schenken Sie hochsensiblen Schülern keine übermäßige Aufmerksamkeit, da dies deren Erregung unnötig steigern würde.

7. Behandeln Sie hochsensible Kinder mit Fingerspitzengefühl und nehmen Sie sie ernst. Eine Kommunikation von Mensch zu Mensch ist hilfreich. Wenn notwendig, sind Disziplinarstrafen mit Bedacht und am besten unter vier Augen auszusprechen.

8. In einem gewählten Klassenrat fühlen sich hochsensible wohl. Sie können hier ein Stück Demokratie in der Schule erfahren.

9. Hochsensible Kinder sind meist intelligent. Es kann trotzdem bei komplizierten Wahrnehmungsstrukturen und Denkweisen zu Störungen in der Wahrnehmung kommen. Mit der Folge, dass das Kind zusätzliche Erläuterungen zu dem behandelten Thema benötigt. Ein guter Lehrer wird dem Schüler hier diskret Hilfestellung leisten. Das Schamgefühl ist bei hochsensiblen Kindern häufig sehr ausgeprägt.

10. Kreativität im Unterricht ist besonders für hochsensible Kinder wünschenswert. Sie blühen

regelrecht auf, wenn sie im sich im Unterricht aktiv betätigen können. Ihre häufig vorhandene Reflexionsfähigkeit wird dabei angesprochen.

11. Stress bei Leistungskontrollen gilt es zu minimieren. Hochsensible Kinder sind dankbar für jede Stressvermeidung. Wenn Sie als Lehrer wahrnehmen, dass die Ergebnisse in Tests nicht zum Leistungsvermögen des Kindes passen, sollten Sie möglichst eine spezielle Atmosphäre schaffen. Ein Nebenzimmer oder eine ruhige Ecke helfen hier oft schon.

12. Veränderungen und besondere schulische Ereignisse sollten lange vorher angekündigt werden. Das gibt dem Kind mit Hilfe seiner Eltern ausreichend Möglichkeiten, sich auf das Ereignis wie Klassenfahrt oder Projektwoche vorzubereiten. Veränderungen und kurzfristige Events erzeugen Stress bei hochsensiblen Kindern. Dieser kann durch eine langfristige Ankündigung abgemildert werden.

13. Auffällige und unerwünschte Verhaltensweisen müssen Sie als Lehrer auch bei hochsensiblen Kindern nicht tolerieren. Es kann sein, dass eine Überreizung die Ursache ist. Gemeinsam mit den Eltern und dem Kind können Sie die Ursachen hinterfragen. Das Kind sollte lernen, schrittweise Verantwortung für sein Handeln zu übernehmen.

Leicht unterstützen können Sie es durch Fragen. „Was würde Dir helfen, um Dich zu beruhigen?“ zum Beispiel.

14. Hochsensible Kinder sind besonders gefährdet in Bezug auf Aggressionen und Mobbing. Sie sind beliebte Opfer, weil sie schneller und intensiver reagieren. Sie wehren sich meist nicht. Ältere Schüler werden teilweise durch soziale Medien zusätzlich gemobbt. Thematisieren Sie dies bei Bekanntwerden mit den Eltern und in der Klasse. Ein Einschalten der Schulbehörde ist bei schwerwiegenden Fällen anzuraten.

15. ADHS ist nicht das gleiche wie Hochsensibilität. Statistisch gesehen sind Kinder mit ADHS Symptomen häufiger hochsensibler als Kinder ohne Aufmerksamkeits-Defizit Syndrom. Hochsensible Kinder weisen unter Stress die gleichen Symptome auf wie Kinder mit ADHS. In entspannten Situationen sind hochsensible Kinder konzentriert und aufnahmefähig.

Liebe Leser!

Vielen Dank, dass Sie dieses Buch gelesen haben. Ich freue mich sehr, wenn Ihnen die Informationen und Hinweise in diesem Buch dabei helfen, sich und Ihr Kind besser zu verstehen.

Impressum:

T.Breise

c/o Autoren.Services

Zerrespfad 9

53332 Bornheim

tbreise.buch-autoren.de

tbreise@tbreise.buch-autoren.de

Bilder: Shutterstock com Photography

Email Newsletter

Anmeldung per Email um über Neuerscheinungen und News informiert zu werden, bitte eine Email an

newsletter@tbreise.buch-autoren.de senden.

Urheberrechte

Gratis Ebook zum schmökern

Hier ist der Link zu einem meiner Ebooks, dass nach eintragen in meiner Emailliste gratis heruntergeladen werden kann.

http://breiseebook.buch-autoren.de

Printed in Poland
by Amazon Fulfillment
Poland Sp. z o.o., Wrocław

49687661R00047